AF399176

FSC
www.fsc.org
MIXTO
Papel procedente de
fuentes responsables
Paper from
responsible sources
FSC® C105338

Perfil de LinkedIN - Éxito

Crea un increíble perfil de LinkedIN y gana clientes, inversionistas o empleadores con él

Anton C. Huber

No se permite la reproducción total o parcial de esta obra, ni su incorporación a un sistema informático, ni su transmisión en cualquier forma o por cualquier medio (electrónico, mecánico, fotocopia, grabación u otros) sin autorización previa y por escrito de los titulares del copyright. La infracción de dichos derechos puede constituir un delito contra la propiedad intelectual.

© Anton C. Huber, 2020 – 2nd Edition

Impreso y editado por Books on Demand GmbH
info@bod.com.es - www.bod.com.es
Impreso en Alemania – Printed in Germany

ISBN: 978-8-4132-6799-9

Inhaltsverzeichnis

Introducción

Estimado lector,

Mientras XING (antes conocido como OpenBC) es la medida de todas las cosas en el área que habla alemán, también LinkedIN se está volviendo más importante aquí y (también) afuera de las compañías internacionales. Sin importer si estás buscando un empleo en un ambiente internacional, quieres intercambiar vistas profesionales o incluso si estás interesado en compañías internacionales que te consideren para un empleo en tu área. Hay interminables razones para ingresar a LinkedIN.

Al mismo tiempo, sin embargo, uno debe ser consciente del hecho de que un perfil descuidado, obsoleto o malo, como en cualquier otra red de XING para Facebook y más al área de miembros el club de negocios locales, es tan demandante para el negocio de uno así como un escaparate lleno de telarañas. Especialmente en LinkedIN, Continuamente me enfrento con perfiles totalmente obsoletos de gente que tienen una cuenta en XING que se mira » impecable y limpia «. Ahí es donde el Ferrari está aparcado junto a un limón y eso es lo que aparece en Google también.

Los perfiles de LinkedIn ofrecen un gran número de posibilidades y opciones. Para usuarios experimentados esto resulta en un valor adicional significativo. Los principiantes, sin embargo, a menudo están completamente sobre-desafiados con hacer un perfil y por lo tanto una pérdida de grandes oportunidades.

En este libro te mostraré diferentes posibilidades para ajustar tu perfil. Si sigues el libro, no solo tendrás un perfil complete al final. El objetivo es más bien a establecer un perfil sobresaliente que, dependiendo de tus metas, te ayude a ganar el trabajo deseado, contacto deseado o cliente soñado y lo que se convierte en una ventana efectiva para tu persona y tu oferta.

Te deseo éxito con tu perfil de LinkedIN

Anton C. Huber

¿Qué es LinkedIN y cómo funciona?

Muchas personas ya han escuchado de plataformas, tales como XING o LinkedIN. Han escuchado de ello, leído y quizá ya hayan creado una cuenta. Cuando se dieron cuenta de que no conseguían de repente miles de nuevas solicitudes de los clientes, redujeron sus actividades en esa plataforma.

Pero quizá también pertenece a aquellos que nunca han estado en LinkedIN y quienes no tienen idea de lo que es esta plataforma.

Cuando se trata de describir LinkedIN, muchas personas caen en comparaciones con Facebook. LinkedIN es entonces descrito como una especie de Facebook para negocios. Esto no solo aplica completamente y hay algunas diferencias fundamentales.

Lo cierto es que LinkedIn es una comunidad que cuenta 364 millones de usuarios en Marzo 2015. Ese número se compara con el número de la mitad de las personas que vive en Europa (no sólo en EU). Los usuarios principalmente vienen de los siguientes países: (Efectivo Enero 2014)

País	Usuarios LinkedIN	Penetración de Mercado
USA	93 m.	29.9%
India	24 m.	2.02%
Brasil	16 m.	7.69%

Gran Bretaña	14 m.	22.41%
Canadá	9 m.	25.82%
Francia	7 m.	9.91%
España	6 m.	11.54%
Italia	6 m.	9.88%
México	6 m.	4.72%
Australia	5 m.	23.88%

Si uno entonces sabe que los estudios estadísticos han demostrado que la media de usuarios en LinkedIn en US tiene un ingreso anual de 100'000 US$, uno puede empezar a imaginar lo grande que es el mercado que cubre LinkedIn. Con eso, LinkedIn es más grande que otro sitio de negocio de redes.

Si uno puede concebir a LinkedIN solo como un tipo de version electronica de las »páginas amarillas«, eso sería sin duda un poco corto. De hecho, con LinkedIN las personas tienen siempre prioridad. Las compañías están en Segundo lugar. Estas personas, sin embargo, tienen varios atributos. Pueden trabajar para ninguna, una o más compañías, han pasado con un historial de carreras, han tomado parte en entrenamientos y han alcanzado metas. A parte de eso, pueden estar involucrados (ejemplo. voluntariamente) en una o más organizaciones, interesados en ciertos temas, etc.

LinkedIN presenta todos estos aspectos y proporciona a los usuarios la posibilidad de cultivar su red en varios niveles.

¿Para qué se usa LinkedIN? Los usuarios de LinkedIN tienen metas completamente diferentes de las con conectan con la presencia en la plataforma. Algunas de ellas son:

Mantenerse en contacto con viejos contactos.

Ganar nuevos contactos(Para intercambiar con personas con los mismos intereses, para metas ocupacionales, para ganar clientes, …)

- Buscar un nuevo trabajo.

- Reclutar empleados.

- Ganar prospectos y clientes.

- Ganar socios de negocios.

- Intercambiar con profesionales y expertos sobre »mis« temas.

Todos estos y muchos más blancos pueden lograrse sin duda, incluyendose en LinkedIN (también con la versión básica gratuita). El requerimiento para esto es siempre documentar tu competencia, pero también tu seriedad para tu opuesto virtual con la ayuda de un perfil profesionalmente ajustado en LinkedIN.

Tu meta con LinkedIN

Antes de que comiences a crear un perfil, debes tener cuidado de algunas cosas. Crear un perfil exitoso necesita planeación. Muchas personas simplemente hacen esto llenando todos los campos con un texto apropiado y luego lo dejan a la suerte. ¿Qué mas puede hacer uno allí, te podrás preguntar?

Allí, en realidad, está el error más común usando un perfil en internet, sin importer si está en Facebook, XING, LinkedIN o cualquier otra plataforma de comunidades. Es como si una empresa conduciría a una feria y solo empacara todo lo que se encuentra alrededor de la oficina. Casi no habría éxito porque incluso los prospectos potenciales no los perciben como distribuidores serios.

Esos que quieren ser específicamente exitosos, tienen que ponerse metar o como dijo una vez Seneca: » Para aquellos que no conocen el puerto, al que ellos quieren navegar, no hay viento correcto.« En función de los objetivos que persigues, es probable que destaques diferentes temas en tu perfil y dejes otros fuera. Déjanos ver un par de ejemplos para eso:

- Si quieres alcanzar un nuevo trabajo como gerente en una compañía de IT en LinkedIN, probablemente no mencionarás particularmente que ganaste una competencia de cocina hace 10 años. Pero si buscas nuevos clientes en tu restaurante, podrías hacer eso.

- Si quieres presentarte como un experto para el re-desarrollo de compañías, probablemente no hablarás mucho de tus últimos clientes, quienes se fueron a la bancarrota, como si todos fueron re-desarrollados exitosamente.

- Si quieres posicionarte como un entrenador de burnout, es probable que elijas una imagen de perfil diferente como si estuvieras buscando un nuevo trabajo como consultor de clientes privados en un banco de buena reputación.

Estos son sólo algunos de los temas más obvios. Hay una gran cantidad de otros.

Por lo tanto, define claramente lo que quieres lograr con tu presencia en LinkedIN. Esto se trata de posicionarte. Mírate a ti mismo desde el exterior y trata de verte a tí mismo como un producto que tu grupo objetivo (clientes, empleadores, socios, ...) perciben. Exactamente desde este punto de vista hay que seleccionar lo que incluyas en tu perfil y lo que se omita o al menos sea su única dirección en breve. Con esto, sin embargo, nunca deberías mentir ni exagerar descaradamente.

Siempre tener en cuenta que muchas personas pueden leer tu perfil: amigos, compañeros de trabajo, su empleador actual, su futuro empleador, clientes y nadie sabe quién va a ser en el futuro. Debes hacer tus ingresos de acuerdo a lo planificado.

Ahora que usted ha fijado sus metas, vamos a crear su nueva cuenta LinkedIN juntos. Si ya tiene una, omita los primeros pasos y vuelva cuando le convenga.

Crear una cuenta de usuario

Si crea una nueva cuenta, se le pedirá, entre otras cosas, buscar a sus contactos con el fin de construir directamente una red de contactos. Mi consejo: Espere con eso. Usted puede ponerse al día sobre esto más adelante en cualquier momento. Seleccione que desea omitir esos detalles y en primer lugar de configurar una cuenta en la forma que desee verlo. Usted no quiere asistir a una fiesta antes de haber vestido a sí mismo correctamente, después de todo.

Si es la primera vez en LinkedIn, la variedad de campos será bastante confusa. Por supuesto que tiene sentido mirar un poco alrededor, pero espera con inscribirte en algo o introducir datos.

Los primeros pasos con tu nuevo perfil

Si selecciona la opción »editar perfil« en la barra de menú en »perfil«, verá la siguiente imagen:

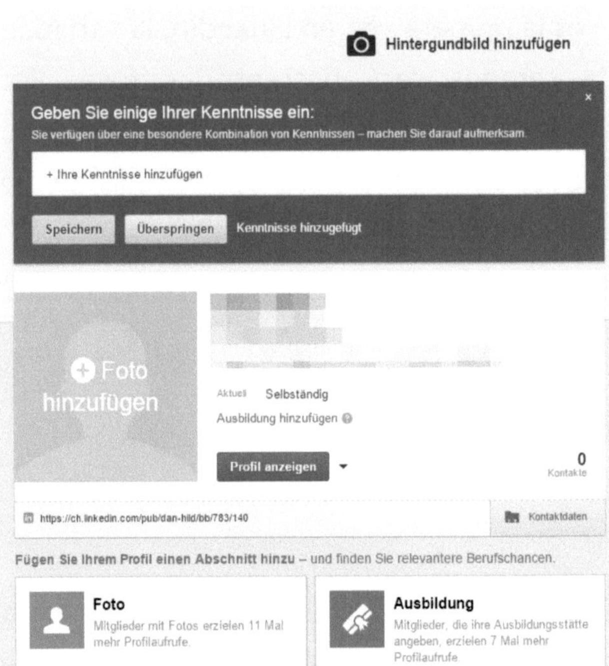

Hintergundbild hinzufügen
Geben Sie einige Ihrer Kenntnisse ein:
Sie verfügen über eine besondere Kombination von Kenntnissen – machen Sie darauf aufmerksam.
+ Ihre Kenntnisse hinzufügen
Speichern
Überspringen
Kenntnisse hinzugefügt
Foto hinzufügen
Aktuell   Selbständig
Ausbildung hinzufügen
Profil anzeigen
0
Kontakte
https://ch.linkedin.com/pub/dan-hild/bb/783/140
Kontaktdaten
Fügen Sie Ihrem Profil einen Abschnitt hinzu – und finden Sie relevantere Berufschancen.
Foto
Mitglieder mit Fotos erzielen 11 Mal mehr Profilaufrufe.
Foto hinzufügen
Ausbildung
Mitglieder, die ihre Ausbildungsstätte angeben, erzielen 7 Mal mehr Profilaufrufe.
Ausbildungsstätte hinzufügen

Su nombre, su lugar de residencia y la descripción del trabajo que ya se adquiere. Ahora vamos a proceder de una manera estructurada y empezamos con la adición de los datos más importantes:

La Foto de Perfil

LinkedIn muestra que los usuarios con fotos de perfil genera once veces más vistas que los usuarios sin fotos. Por lo tanto, una foto es un elemento importante donde, sin embargo, muchas cosas malas pueden pasar:

- Selecciona una foto profesional. Fotos del album familiar, foto de pasaporte y fotos de tiempo libre no tienen cabida aquí.

- No elijas fotos de cuerpo completo, en su lugar elije una con solo la parte superior.

- En la foto mira al visitante (dirección de vista) y construye una »relación«.

- Gira tu cabeza un poco hacia tu izquierda cuando se tome la foto. Con esto alcanzarás un alineamiento de imagen a la izquierda. Los psicólogos han descubierto que esto se evalúa inconscientemente como progresista y positiva.

- Elije una foto con una resolución adecuada.

- Cuando subas la foto, considera si la imagen apoya tu meta, si no, elije otra o toma otra.

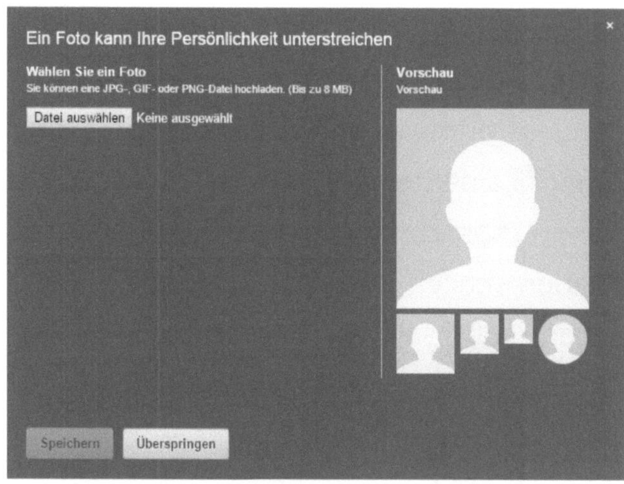

Información Básica

En los datos básicos, por lo tanto, en los campos que están al lado de la foto, usted tiene la primera posibilidad de presentar específicamente a sí mismo. Sólo voy a tomar esos campos en cuenta donde se pueden hacer errores o donde puedo hacerle sobresalir.

- **Apellidos y nombre** deben ser por escrito para que correspondan a su objetivo. Aunque los apodos son adecuados depende de si se conocen también con él en un contexto empresarial.

- El **slogan del perfil** suele ser su designación de trabajo actual. Esto es a menudo no realmente productivo. Claro, puedes escribir »Gerente de Cuentas Claves« O Jefe Ejecutivo- pero ambas declaraciones no le traerán ningún beneficio, por ejemplo, en una pantalla de resultados de búsqueda. Siempre escriba su perfil lector centrada y dependiente del beneficio.

• Una declaración como »experto para la distribución de alta calidad de soluciones de TI", especialmente cuando usted está buscando un nuevo trabajo en esa área, puede ser más significativo que un gerente de cuentas clave y un director ejecutivo puede probablemente en primer plano su producto: »CEO -. nuestros productos de software hacen que los pequeños negocios más exitosos« Una posibilidad interesante es también para entrar en uno de »elevador pitch« aquí. La declaración sólo tiene que coincidir con su objetivo.

- También de interés es el icono al lado de la **URL** que enlaza con su perfil. En un lado, usted tiene la posibilidad de ver cómo los visitantes ven su sitio al hacer clic en este enlace y en el otro lado, usted también tiene la oportunidad de crear una URL directa allí. Esto es útil si desea usarlo en tarjetas de visita o en algún otro lugar en conexiones de negocios. Tenga en cuenta que no hay caracteres especiales ni están permitidos. En el mismo sitio se puede ajustar **las opciones para la representación de su perfil público.**

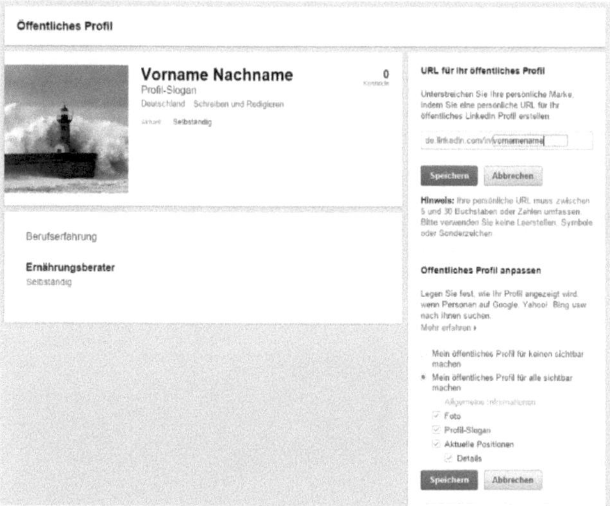

Inmediatamente al lado de la URL es el acceso al ajuste de sus datos de contacto visibles públicamente. Si desea agregar una cuenta de twitter y una página web aquí, usted debe preguntarse si, y en qué medida éstos se corresponden con el objetivo que usted persigue con este perfil. Si usted es dueño de un feed de Twitter en el que se habla de sus experiencias de vacaciones, es probable que nada de lo que desea llamar la atención de todas las perspectivas posibles a. Además, la cuestión de si y en qué medida usted desea hacer su teléfono y su dirección accesible para todo el mundo, debe ser decidido conscientemente.

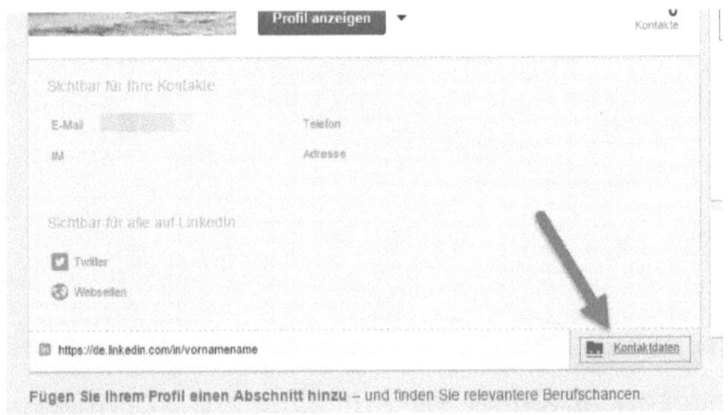

Experiencia Profesional

Las Experiencias profesionales pueden presentarse en diversas formas. Al principio, es importante que el orden es de lo más nuevo. Eso significa que la mayoría de la experiencia de trabajo actual se pone a la derecha en la parte superior de la lista porque se dice más sobre usted.

Elija la información de preferencia expresiva para eso también y utilice la descripción para dar al lector una visión concisa de lo que hiciste en este trabajo y lo que han logrado allí. Atención: Tenga en cuenta que publicar datos confidenciales de su empleador. Una declaración como - »han concluido un orden de 1 m. € con la compañía X «puede llevar a problemas.

Es siempre que se observa si lo que escribes es estructurada y legible. No empiece »el chat«.

También funcionan con archivos adjuntos. Con ellos tienes la posibilidad de incorporar datos adicionales pertinentes. Ilustre su perfil con fotos, documentos, enlaces o incluso con videos y presentaciones. Con esta medida se puede soportar de manera positiva a partir de otros perfiles.

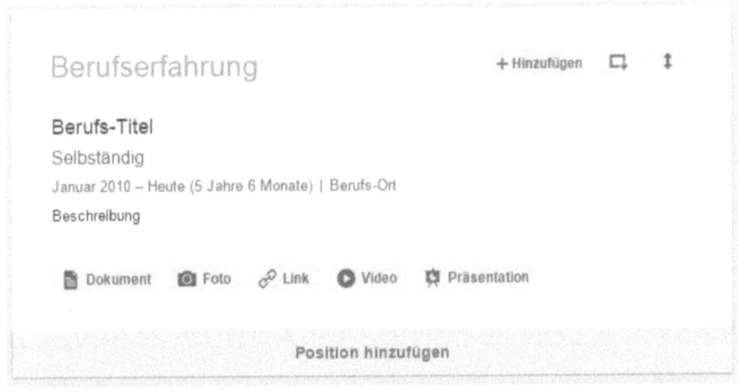

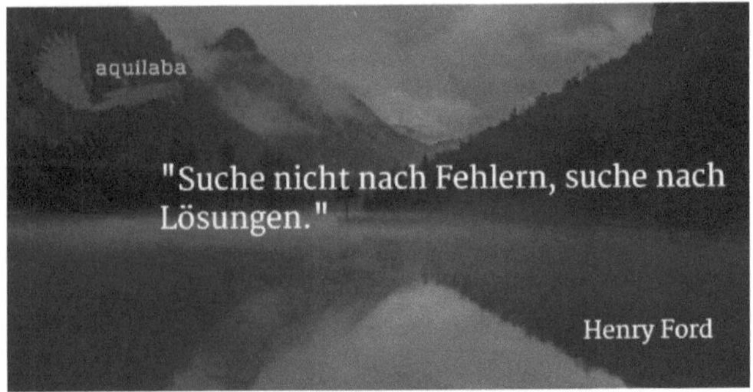

Una posibilidad que me gusta usar (también en otras comunidades) es visualizar datos centrales con una imagen. Para esto uso "Pablo", un Proyecto de Buffer (https://buffer.com/pablo). But there are also other similar websites.

Información Adicional

Con esto tenemos sólo captura los datos básicos. Una gran cantidad de información adicional, que deberá rellenar en caso necesario, está disponible para nosotros. Con la información siempre pregúntese cómo usted apoya a su objetivo definido.

Ausbildung

Mitglieder, die ihre Ausbildungsstätte angeben, erzielen 7 Mal mehr Profilaufrufe.

Ausbildungsstätte hinzufügen

Zusammenfassung

Mit einer Zusammenfassung können Sie Ihre Qualifikationen und Interessen gezielt hervorheben.

Zusammenfassung hinzufügen

Kenntnisse

Mitglieder, die ihre Kenntnisse angeben, erzielen 4 Mal mehr Profilaufrufe

Kenntnisse hinzufügen

Sprache

Dies könnte Ihnen dabei helfen, eine neue Stelle zu finden, befördert oder ins Ausland versetzt zu werden.

Sprache hinzufügen

Ehrenamtliche Erfahrung

Ehrenamtliches Engagement spielt bei der Kandidatenwahl oft eine Rolle.

Ehrenamtliche Erfahrung hinzufügen

Ehrenamtliche Tätigkeiten

Eine Non-Profit-Organisation könnte genau jemanden wie Sie suchen.

Ehrenamtliche Tätigkeit hinzufügen

Organisationen

Zeigen Sie mit den Organisationen, die Sie unterstützen, wer Sie sind.

Organisationen hinzufügen

Auszeichnungen

Machen Sie auf Ihre Leistungen und Verdienste aufmerksam.

Auszeichnungen und Preise hinzufügen

Prüfungsergebnisse

Eine weitere Möglichkeit, Ihre Leistungen zu unterstreichen.

Prüfungsergebnisse hinzufügen

Kurse

Ausführlichere Angaben zu Ihrer Ausbildung erhöhen Ihre beruflichen Chancen.

Kurse hinzufügen

Patente

Zeigen Sie Ihre Innovationskraft und Ihr Fachwissen

Gute Zwecke, die Ihnen am Herzen liegen

Geben Sie an, welche guten Zwecke

Sólo mencione educación relevante. Si tienes un título universitario o algo similar, no es necesario saber donde fue a la escuela cuando era un niño de cinco años de edad, a menos que su objetivo es revivir viejos contactos. El fin de esto también debe ser nuevo antes de antigüedad. Decide por ti mismo si es objetivo-objetivo de hablar de su calificación final. Con esta descripción se aplica también: conciso y claro.

Resumen

Aquí podrá así decirlo introducir un »resumen de gestión« de su vida. Por supuesto, también puede utilizar el cuadro de comunicar su objetivo específico apropiadamente.

Conocimiento y Confirmación

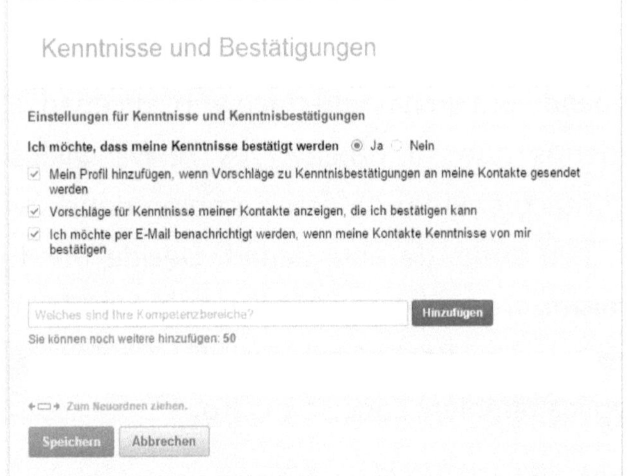

En estos campos se puede afirmar sus habilidades y conocimientos que son particularmente importantes para usted. Esto puede ser de hasta 50 elementos. Pero una vez más, mantener sus objetivos en mente. Puede ser que sea agradable para sus vecinos y amigos que usted es un

Pitmaster, pero va a hacer conseguir un nuevo trabajo más fácil? Además, también puede decidir si desea que sus contactos puedan confirmar tus habilidades. Estos serían entonces testimonios cortos. Pero, tener en cuenta que el efecto individual de habilidades disminuye con el aumento de las habilidades mencionadas.

Lenguajes

Sólo dos columnas de los campos están disponibles para usted en esta sección. Uno se llama »Idioma« y en el otro se puede seleccionar de una gama específica de los niveles. Tiene sentido comenzar con sus mejores habilidades y hablar de otras habilidades en un orden decreciente. Dependiendo del objetivo, puede ser útil distinguir posiblemente entre »Inglés hablado« y »por escrito Inglés« o si tiene vocabulario específico que armoniza con su meta, usted podría, por ejemplo también enumerar »negocio Inglés« o »medieval Inglés« separado.

Aquí se puede hablar de las experiencias existentes como voluntario. Pero de nuevo: Mantenga sus metas definidas en mente. Con las actividades de voluntariado que puede ofrecer a emprender actividades respectivas en ciertos temas. En »causas nobles que son queridos« y »las organizaciones que desea apoyar« puede especificar aún más la zona.

Si usted está activo en una organización o mantiene una oficina, entonces esta es la posición correcta para mencionar que, si corresponde a sus objetivos. Lo mismo ocurre con las distinciones conseguidas, resultados de exámenes y cursos. Atención: Si usted enumera miles de artículos, podría llamar la atención de la información más significativa sobre su perfil.

Patentes

Aquí usted puede poner ambas patentes ya registradas, así como las patentes que todavía están en la fase de registro y, además, a que, como las circunstancias lo requieran, los miembros del equipo asociado. No haga esto antes de que su perfil es presentable.

Proyectos y Publicaciones

En este campo se puede enumerar algunos proyectos significativos (no demasiados) y conectarlos a los perfiles de los demás interesados. Además, debe tener en cuenta que algunos datos pueden ser confidenciales y deben en consecuencia no se publiquen. Lo mismo ocurre con las publicaciones.

Nótese aquí que la información debe ser relevante con respecto a su objetivo y sólo se debe revelar lo que realmente quiere hacer público.

Ajustes y datos de privacidad

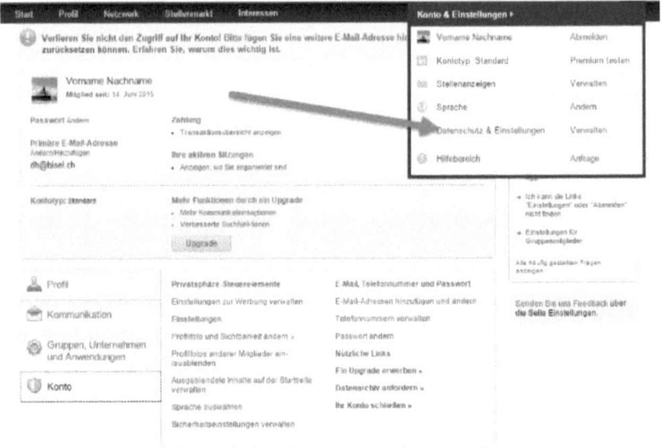

En la opción de menú » cuenta y configuración« se encuentra la privacidad y la configuración de datos de la sección. Aquí puede ajustar exactamente qué información desea poner a disposición de los demás, también el que la información se permite a LinkedIn para enviar a usted.

Además, una opción importante es que se puede introducir una segunda dirección de correo electrónico con el que puede, si es necesario, también iniciar sesión cuando, por ejemplo debido a un cambio de trabajo, no es propietario del principal acceso más.

Personalizar su perfil

Una manera fácil y sin embargo muy eficaz para optimizar su propio perfil es la posibilidad de poner una imagen de fondo en la parte superior de la imagen.

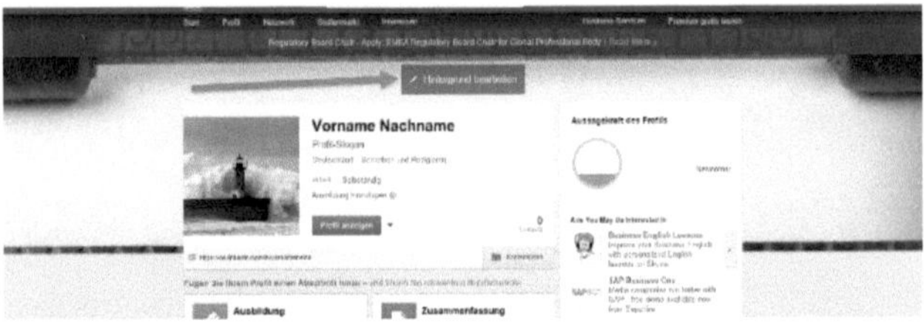

on eso, sin embargo, prestar atención que corresponde a su objetivo. Si usted no debe tener un cuadro correspondiente a la mano (atención: considerar los derechos de autor), se puede encontrar una variedad de opciones de diseño en www.canva.com. Algunas de las imágenes utilizadas existen de forma gratuita, el resto por lo general cuesta alrededor de US $ 1 que debería ser manejable.